그 날이 오면

그날이 오면

김성구 시집

도서출판 천우

시인의 말

첫 시집을 내면서
기쁨과 떨림이 다가옵니다.
혼자만의 시집이 되지 않고 많은 분들과 함께하는
시집이 됐으면 하는 바람에서입니다.
시 형식이 기존 틀에서 벗어나
산문 성격이 강한 듯하지만
산문시처럼
어찌 보면 이것이 저의 한계이고 새로운 형식이
될 수도 있기를 바랍니다.
늦은 나이에 첫 시집을 내면서
절망 속에서 시를 쓰고
절망에서 구원되고 싶어 시를 썼습니다.
아무쪼록 저의 첫 시집에 공감하시는 분들이
계시다면 깊은 감사를 드리고 싶습니다.

2010년

김성구

제1부

숨은

제2부

시간과의 투쟁

제3부

사람과 사람 사이

제4부

저 산은 걷고 있다

제5부

한마디의 말

제 1 부

숨은

그날이 오면

행, 불행
희로애락
다 짊어지고 나니
미련은 없다

그날이 오면
어둠은 걷히고
밝음이 오리

지구와 놀다가
다시 지구 품으로 돌아가리라

알 수 없이 왔다가
알 수 없이 가버리는
슬픈 영장

티끌이 되어
물질로 탄생하면

새로 오는 이들의
보금자리가 되어 주리라

벌이란 벌은 다 나를 좋아해

벌이란 벌은 죄다 나를 좋아해
난 꽃이란 말이야
난 꽃인데 능력 있고 잘생기고 젊은 벌로 고를 거야

꽃답지 못하군 아직 꽃답게 성숙하지 못한
미성숙된 꽃이로군
꽃으로서의 어느 정도 자신감의 착각은
꽃이 꽃을 유지시켜 주는 원동력이리
알게 모르게 꽃은 자기 자신에 대하여 착각을 하리
착각은 아니할 수 없고
어느 정도 착각은 필요하리
꽃아 심한 착각은 병인 양 낭패로다
너는 호박꽃이 아니더냐

호박꽃도 자세히 보면 예뻐요
긍정의 자신감에 정도껏 착각이군
호박꽃도 꽃이라 벌이란 벌은 죄다 나를 좋아해요
착각이 심한 것은 고쳐야 하거늘
그래야 꽃이 꽃답지 않더냐
너는 호박꽃이 아니더냐

호박꽃도 자세히 보면 예뻐요

긍정의 자신감에 정도껏 착각이군
호박꽃도 꽃이라 벌이란 벌은 죄다 나를 좋아해요
착각이 심한 것은 고쳐야 하거늘
그래야 꽃이 꽃답지 않더냐
너는 호박꽃

호박꽃은 호박꽃답게
착각은 정도껏 가지되 내면을 가꾸리
꽃이라 착각을 아니 가질 수는 없으되
착각을 최대한 줄이고 겸손하며 내면을 가꾸리

지켜 봤다우

살아생전에 친구도 별로 없고
쓸쓸히 내성적으로 살아온 생이라서
장례식도 썰렁하게 가족만 모였다우
드문드문 아는 이도 모였다우
슬피 울어 주는 이 가족뿐이 없다우
살아서 쓸쓸하더니만 죽어서도 쓸쓸하더이다

관에 누워서 눈물을 마구 흘렸다오
찾아오는 이 없고 안타깝다 울어주는 이 없어
관을 두들기며 마구 울었다오

이게 어인 일인가
국화를 한 다발 가지고 와서는
털썩 주저앉아 묘를 잡아 긁으며
마구 운다오 서럽게 운다오
눈물이 뚝뚝 떨어진다오
생전에 사랑한 그녀가 와서는 운다오
관에서 울지 마오 울지 마오 하다가 꿈에서 깼다오

내가 죽어서 울어줄 이 있다우
울어줄 그녀를 생각하며 애틋함이 마구 솟는다오

라디오에서 음악이 흘러나와요

라디오에서 음악이 흘러나와요
아! 저 노래는 하고서는 귀를 모읍니다
한때를 알리는 노랫소리가
그 장소를 알리는 노랫소리가
아련하게 떠오른답니다

라디오에서 음악이 흘러나와요
저 노래가 한참 유행일 때
나는 첫사랑의 연인과 월미도에서 다정하게 어울렸답니다

라디오에서 음악이 흘러나와요
그때의 연인의 모습이 떠오르고 그 장소가 떠오르고
가슴은 뭉클해진답니다

라디오에서 음악이 흘러나와요
저 노래를 들을 때쯤에
저 노래를 카페에서 틀어 줄 때에
아름다운 추억을 회상한답니다

당신은 바다고 나는 석양

당신은 바다고 나는 석양
이글거리는 황금빛 노동을 끝내고
당신에게로 달려갑니다
주름 잡힌 붉은 장미꽃 다발을 흐드러지게 펼치고
당신 품에 안기렵니다
한낮의 뜨거움은 당신만이 식혀 줄 겁니다
하루도 거를 수 없는 날마다 나는 그대 품을 떠날 수 없는
운명적 사랑인가 봅니다
천천히 아주 천천히
붉은 장미꽃 다발을 흐드러지게 지니고
당신 품에 안기렵니다
황혼빛은 출렁이는 물살에 입맞춤입니다
어둠을 데리고 당신 품에 안깁니다
어두운 밤에 뜨거운 가슴을
당신 품에서 식히렵니다
당신은 바다고 나는 석양입니다

마음만을 사랑해 주세요

돈 냄새가 난다고 나를 좋아하지 마세요
돈이 떨어지면 떠나실 건가요

훤칠한 키에 미남이라고 나를 좋아하지 마세요
기한이 다 되면 떠나실 건가요

든든한 직장에 고급 승용차를 몰고
일류대 나왔다고 나를 좋아하지 마세요

돈이 없어도
못생겨도
가난해도
나를 좋아해 주실 수는 없나요
뭐를 보고, 라고 말씀하시면
오로지 저의 마음만을 좋아해 주세요

진정 그대와 내가 마음과 마음이 맞닿는
진실한 나의 마음만을 사랑해 주세요

부부는 소유가 아니라 공유인가 봅니다

사랑하는 사람과 결혼했어요
우리는 이젠 둘이 아닌 하나에요
부부는 일심동체라고도 하잖아요
그녀는 내 것이에요
나는 그녀 것이고요
그런데 살다보니까
그녀의 휴대폰에 전화번호를 보며
느낌이 이상한 건 없나 하기도 하고
비록 낮이라도 시장 갔는데
이렇게 오래 걸리나 하지요
그녀도 나에게 간섭을 하지요
술 먹고 늦게 들어온다고
그게 술만 먹은 게 아닌 것 같다는 눈초리이고
초상집에 가서 밤새는 게 한 달이 멀다 하고
비록 낮에 이발하러 갔는데
이렇게 오래 걸리나 하지요
이쯤 되니까
서로는 슬그머니 놓아 주기로 했어요
사랑하여 결혼해서 부부라 이름을 지었어요
그녀를 소유했다 하면 아니 되는 것 같고
그녀 또한 나를 소유하려서는 아니 되죠
우리 둘은 나머지 반쪽씩 공유하는 것이지요

그녀의 휴대폰을 건드리지도 않고
늦은 밤에 들어오면 피곤하겠다 하고
시장에 가서 오래 있다 오면 수고했다 하지요
부부는 소유가 아니라 공유인가 봅니다

좋은 사람 만나기를 바래

좋은 사람 만나기를 바래
또한 좋은 사람 있으면 소개시켜 줄게

그러는 자네는 좋은 사람이 아닌가
또한 그러는 자네는 더욱더 좋은 사람이 아닌가

그렇게 말하는 것은
잘되기를 바란다는, 위해주는 마음이겠지
자네 대신 나를 위하여
좋은 사람 만나 행복하기를 바란다는 뜻이겠지

자네는 왜 헤어짐을 받아들이는가
그리고 실제로 소개시켜 주는 경우는 무엇인가

자네를 바라보는 게 뜨거운 불기둥이 안 일어나
마음만을 교환하였건만
그것이 그토록 자네를 멀리했다고
자네를 생각하지 않는다고 여겼는가

그 태평양 같은 넓은
그 포항 제철소 같은
뜨거운 마음은 헤어질 것을 각오하고

베푸는 마음은 사랑하였으매
자기를 낮추고 좋은 사람 만나라는 애틋한 마음

그와 같은 자네 마음을 사랑 안 할 수가 없네
뒤늦게나마 나는 달려간다네
자네 생각을 하면 가슴이 미어진다네

내겐 없는 부인이 있다

궁합을 찾느라 착한 여인이다
착한 부인이
공장에 나가 돈 벌랴 가사 일 하랴 고생한다
차라리 내가 없는 게 낫다
너무 착해 이혼할 줄도 모른다
죽어라 가정 일을 도맡아 한다
너무나 사랑스러운, 너무나 착한 부인이다
평생 고생하는 부인이 안타까움을 떠나
큰 죄를 짓는 것이고
죄스러움에 나의 무능력도 한탄스러워
나는 나의 부인을
존재에서 머물고 실존하지 않도록 한다
어딘가에 존재하는 부인은
좋은 남자와 만나 잘살기를 바란다
내게 존재하지만
실존하지 않는
없는 부인이 있다
내겐 없는 부인이 있다

숨은

숨에도 감정이 있고
숨에도 생각이 있다

우울한 숨은 얼마나 가쁜 숨이며
가쁜 숨은 몸을 꺼져가게 하는가
기쁜 숨은 얼마나 힘찬 숨이며
힘찬 숨은 몸을 들뜨게 하는가

우울한 생각의 숨도
기쁜 생각의 숨도
정신과 육체를 표현한다

맑은 공기가 있어야만
상쾌한 숨을 쉬는 것이 아니리라

그녀와 이별했을 때
얼마나 가쁜 숨을 쉬며
몸은 꺼져 가기만 했는가
세월이 지나 잊힌 듯하니
평상시의 숨으로 돌아왔고
지금은 새로운 님을 만나
기쁜 생각의 숨은 활기차게 쉬며
몸이 붕붕 날아갈 것만 같다

예쁜 마음만을 상상하리

비단이 휘감기는 게 얼마나
부드러운 감촉인가
이 부드러움을 어디에 비할까

가죽 장갑을 만지면 얼마나
부드러운 감촉인가
보들보들 야들야들한 게
손으로 만지면 살포시 전해지는 부드러운 느낌
뺨에다 대면은 부드럽게 미끄러지는데
이 부드러움을 어디에 비할까

예쁜 조각상은
이 예쁨을 어디에 비할까

피부에 불과하거늘
피부에 불과하거늘

내재한 생각은
보다더 예쁨을 찾는데
그것은 실제보다는 상상이다
실제로 피부와 피부의 맞닿음은
비단 같은 부드러움과

가죽 장갑과 같은 보드라움과
예쁜 조각상보다는 덜하리
보이는 눈에 상상에 만족이다

무엇을 상상하는가
헛된 상상을 줄이고
진정 마음과 마음이 맞닿는
깊고 예쁜 애정과 사랑을 키우는 것을 상상하리

버스에서

버스는 노선 따라 달리는데
좌석에 앉아 무덤덤하고도 적적하게
바깥 풍경을 바라본다
수많은 사람들이 움직이는 모습을 보며
수많은 점포들의 모습을 본다
이따금씩 차들은 빵빵거리고
말소리 못 알아듣는 사람 구경이다
간판 글씨도 눈에 들어와 읽어 보면
그럴싸하게 유혹하는데
다 돈을 갖고 오라고 하는 것만 같다
버스가 서행하는데
보도에서 손짓을 하고 무슨 말을 하는데
들리진 않고 반가운 사람이다
열심히 따라오며 손짓하며 말을 한다
차창 문을 활짝 열고 소리쳐 불러도 못 알아듣고
버스는 빠르게 달려가기 시작하는데
다음 정거장에서 내리라는 수신호 손짓을 읽는다
이게 얼마 만인가
그동안 소식도 잃어버리고
뜻밖에 반가운 재회는
수많은 사람 속으로 둘이 얘기하며 걸어간다

비행기에서

시간을 버텨야 하는
시간을 조용히 보내 버려야 하는
비행기, 기차, 버스, 지하철은 일상인데
눈을 감았다 떴다 하는 그때에 저절로
떠오르는 얼굴이 있고
떠오르는 이미지가 있으니

기쁘게도 얼굴은 웃고 이미지가 미소로 가득 찬다
눈을 감은 입은 살며시 벌어지고
눈꺼풀이 살며시 떤다
눈을 떠서도 한참을 환하게 생각을 즐긴다
정거장은 계속 이어지고 시간은 가야만 하고
슬프게도 얼굴은 울고 이미지가 슬픔으로 가득 차다
눈을 감은 입은 꽉 다물어지고
눈꺼풀은 눈을 압박한다
눈을 떠서도 한참을 굳은 표정으로 생각을 달랜다

좌석에 앉아 조용히 시간을 보내야 하는 때에
떠오르는 다정하고도 선한 모습은
언젠가 둘이서 행복했기 때문이다
인연 중에 소중한 인연의 사람이라고 여기고 있던 것이다

먼먼 옛날의 그리움

만나도 처지가 부끄럽고 창피해
험한 꼴 보이기도 싫지만
그래도 때때로 먼먼 옛날은 떠오르네

만날 수만 있다면 용기를 가지고 보고 싶다오
먼발치에서만이라도 보고 싶고
잘 사는지 행여 안 좋은 데는 없는지
이제는 그 모습이 변한 것도 변한 것이지만
어떻게 사는지도 무척 궁금하다네

나이가 든 모습이라도
우리네 사는 게 예전 모습 그대로가 아니겠나
보고 싶다 보고 싶구려

만날 수 없는 그리움은
때때로 그대가 잘 살기를 기원한다네
신랑은 능력 있고 좋은 사람이었으면 좋을 텐데
아니 그런 사람일 거야
자식들은 공부 잘하고 효성스러우면 좋을 텐데
아니 그런 자식일 거야
사람인지라 고통도 있고 불행도 있기 마련인데
최소한으로 줄여지고 슬기롭게 극복돼

행복하게 잘 살아야 할 텐데
아니 그렇게 잘 살고 있을 거야
먼먼 옛날의 그리움은
보이지 않는 그대가
잘 살아야 할 텐데 기원한다네

정신적인 사랑

돌보는 이 없으면 씻지도 돌아다니지도 못하는
아! 이 여인은 장애를 갖고 태어났다네
엄마가 씻겨주고 휠체어에 태워 밀어주고
세월은 흘러갔건만
남자 한번 교제하지 못하였다네
권리가 있다 장애인에게도 성적인 권리가
여인은 이제 와서
성적인 것을 따지나 필요 없다 하네
사람은 희망을 가지고 목적을 추구하여야 한다고
입으로 붓을 물고 도화지에 그림을 그린다네
여인이 나이 먹으니 엄마는 돌아가시고
이제는 자원 봉사자가 온다네
여대생이 씻겨주고
휠체어에 태워 밀어주며 대화를 한다네
착하디착한 여대생은 싫은 기색 한번 안 비치네
너무 고마운 여인은 기쁨에 눈물까지 흘리네
여인은 왜 남녀가 꼭 짝을 이루어야만 하는지
왜 동성은 안 되는지 의심을 해본다네
여인은 여대생에게 사랑한다고 고백하네
여대생은 사랑까지겠냐 하면서
아! 그렇지 정신적인 사랑이지 한다네
여대생은 사랑하는 남성과 결혼한 후

여인의 이웃집으로 이사 와서
씻겨주고 휠체어에 태워 밀어준다네
맑디맑은 순수한 정신과 정신의 애틋한 교감은
둘은 정신적인 사랑이라네

세월이 약이겠지요

잊으려 해도 아니 잊혀
잊으려 하면 더욱더 생각나
같이 있을 때의 기쁨은 서럽게 가슴이 미어지니
어떻게 잊으란 말인가
이렇게 헤어질 줄 누가 알았나
이별은 사람은 가도
그대는 여전히 내 마음속에 불타고 있네
이별은 이별인지라
내 마음속에도 추억으로
한켠에 놓아두고 고이 떠나 보내야 하리
세월은 가도 그대는 남는 것
마음의 불이 식을 줄 모르더니
점점 사그라들고 이제는 불씨만 남았다네
잊으려 해도 더욱더 생각나는 그 사람
세월은 어김없이 흘러만 갔고
어느새 내 마음에도 재가 되어
소중한 추억 한켠으로 자리 잡았네

길이었습니다

길이었습니다
이 길을 오려고 한 것은 아니지만
이 근처에 출장을 와서 번뜩 뇌를 스치는 게 있었습니다
길을 찾아와 걷습니다
먼먼 옛날로 돌아 온 것만 같은
타임머신을 타고 과거로 온 것만 같은
한 발짝 한 발짝 걸을 때마다
너무도 반갑고 애틋함이 마구 솟는 길입니다

소녀는 소녀의 모습인데 어른으로 다가오고
지금의 자식뻘 되는 소녀는 소녀 같은 딸이 있겠지요
아련하고 애잔하며 뭉클하고 정이 마구마구 솟습니다
길은 살아서 얘기합니다
추억을 마구마구 쏟아냅니다
길에 취해 소년으로 돌아가고
길이 너무 좋아 눈으론 연신 쓰다듬어 줍니다
아늑하고 그윽하게 다가오는 길과 헤어져야 하니
아쉬움을 뒤로한 채 길과 기약 없는 이별을 합니다
그 장소의 길로 말미암아
소년이 되었다가는 지금으로 돌아옵니다

말하는 걸 똑같이 따라 하네

휴식을 취하는
아무도 없는 홀로 방 안에서
두 눈을 감고 드러누워 있을 때
입술이 움직이는 밝은 미소를 짓는다
미소가 웃음이 되어 소리 없이 입이 쩍 벌어진다

총각 때 만나서 잊힌다 하면
한 번씩 떠오르는 그녀는
재미있는 아가씨였다

노을이 아름답네
노을이 아름답네

정말 아름답지
정말 아름답지

똑같이 따라 하네
똑같이 따라 하네

그렇다면
그렇다면

자기야 사랑해
자기야 사랑해

정말이지
정말이지

넌 내 거야
넌 내 거야

우리 결혼하자
우리 결혼하자

우리 둘은 헤어지지 말고 죽을 때까지 같이 살자
우리 둘은 헤어지지 말고 죽을 때까지 같이 살자

말이 씨가 되지 않고
오래전에 헤어진 그녀

지금은 어느 하늘 아래 어디서 사는지
꼭 한 번만이라도 보고 싶다

이것만은 낡지 않으리

화려했던 지나간 시절은 낡았다
지금 화려한 것은 새로움이되
세월은 흐르기 마련이고
이것도 낡으리다
미래에도 더 먼 미래에도 낡으리다

유행은 시대마다 있기 마련이고
제 아무리 휘황찬란하고 화려한 유행도
낡아 보이기 마련인데
시대를 가더라도
정신만은 응당 사람다움을 지키리다
부단히 선을 지향하고 예절을 다하리다
시대는 가더라도
이것만은 낡지 않으리다

제2부

시간과의 투쟁

오직 그대에게만은 말할 수 있습니다

이토록 슬픈 사연을 누구에게 말하겠습니까
친구에게도 더군다나 남들에게도
극히 개인적인 사생활의 치부라면 치부인 것을
그러나 나는 말할 수 있습니다
오직 그대에게만은요
말해도 되어요
다 이해해요 나에게 못 할 말이 어디 있어요
슬픈 사연을 보듬어 주고 다독거려 주는 고마움입니다
한 침대를 쓰는 부부에게도 비밀은 있다 합니다
혼자 가슴앓이 하는 너무나 비통한
극히 개인적 사생활의 치부라면 치부인 것을
누구에게 속 시원히 털어놓겠습니까
그러나 나는 말할 수 있습니다
오직 그대에게만은요
가슴이 에리고 불쌍하다 하며 안쓰러워하고
잘 극복될 거니 희망과 용기를 가지랍니다
옆에서 지켜봐 주겠답니다
오직 그대에게만은 말할 수 있습니다

살생을 하지 마라

살생을 하지 마라
이 말은 참 좋은 말이야
이 말은 참 깊은 말이야

딸아 너는 하찮은 미물이라도
살생은 하지 말아라
너한테 위험이 닥치지 않는 한
그렇게 살아라
아빠의 말씀이련다

아빠하고 낚시 와서
잉어며 가물치며 붕어를 잡았잖니
고기 망을 열어 이렇게 물에다 놔준단다

아빠 나는 땅바닥에 개미떼 지나가는 것
살짝 뛰어넘어서 지나갔어요
참으로 착한 딸이구나

저녁 식사를 하자구나
내 사랑하는 딸아
엄마가 맛있게 요리한 반찬하고
밥을 맛있게 먹자꾸나

딸아 너는 왜 김치만 먹느냐
음식은 골고루 먹어야지
아빠
고등어가 두 눈을 똑바로 뜨고 있어요
멸치볶음에 잔멸치가 수백 마리가 되네요
불쌍한 소는요 불쌍한 돼지는요

아빠는 잠깐 말문이 막혀
생각 좀 해보고 얘기해주려 한다
생각을 해도 어떻게 말해야 좋을지
결론을 낼 수 없어
아빠는 계속 생각 중이다

시간과의 투쟁

자연의 물리적인 시간은 하늘에다 걸어놓고
벽시계는 벽에다 걸어놓고
우리는 마음의 시간으로 산다

혹독한 고통을 느끼는 시간은
왜 이리도 더디 가나
너무나 기쁨에 잠겨 있는 시간은
왜 이리도 빨리 간단 말인가
고통도 없고 그렇다고 기쁨도 없이 밋밋한 시간은
빨리도 더디도 안 가는 미미한 시간이다

좌절과 절망 속에 헤맬 때 시간은
더디 가면서도 시간이 수시로 괴롭힌다
시간을 견뎌 내야만 하고 싸워 이겨 승리하여야만 한다
또한 시간을 흘려보내 버려야 한다

안락함에 젖어 미소가 흐를 때
시간은 너무나 빨리도 달아나 버린다
시간이 아깝다 너무나 아깝다
가는 시간이 아쉽다

시간은 감정이다

시간과 나의 투쟁은
중요한 시간을 얻어내는 창조의 대상이려니
의미와 가치를 일구어내는 시간이다
이 얼마나 소중한 시간인가
얼마나 시간을 잘 보냈는가
때론 무의미하게도 흘려보내야만 하는 때도 있지만
그것은 불가피할 때이다
시간은 마음으로 가고
시간은 감정으로 가니
시간을 어떻게 다루고 이끌어 나간다는 것은
그 사람의 삶이기도 하다

부드러움과 강함

비바람이 몰아친다
거세게 몰아치는 비바람에
소나무는 굵게 굵게 우뚝 서서 움직이려 하지 않는다
거세게 몰아치는 비바람에
갈대는 약하고 약하게 서서 움직이려 한다
비바람이 몰아친다
거세게 몰아치는 비바람에
약한 듯한 갈대는 비바람이 부는 대로
누웠다가는 일어나고 옆으로 휘어졌다가는 일어나고
끊임없이 견디어내 상처 하나 없이 멀쩡하다
약해 보이는 게 약한 것만이 아닌 듯
강해 보이는 게 강한 것만이 아닌 듯

저기에 산이 있다 산은 솟아 있어 올라가야만 하는 것
작고 가냘픈 여인은 땅을 누르는 힘이
사뿐사뿐 하여 작은 발을 빨리도 움직인다
부드럽게 땅을 스치듯 빨리도 움직인다
건장한 체격에 퉁퉁하여 힘깨나 쓰겠다 싶은 사나이가
처음엔 빨리도 올라갔지만 얼마 못 가서 숨이 몹시 찬다
땅을 누르는 힘이
쇳덩어리를 얹어놓은 것처럼 휘청휘청 한다
약해 보이는 게 약한 것만이 아닌 듯
강해 보이는 게 강한 것만이 아닌 듯

죽어가는 것을 사랑하자

밤하늘에 별들을 동경하는 마음으로
모든 존재의 죽어가는 것을 사랑해야겠다
연약한 갈대도
새도
개미도
호랑이도
사람도
죽어가는 것이고 죽어야 한다는 것이다
죽기 전까지는 죽어가는 것을 사랑한다는 것이니
자기의 본분을 다하는 것이다
본분인즉 열심히 살라
모든 존재와 더불어 유기적으로
서로 보듬고 애정을 가지고
모두 함께 열심히 산다는 것이다
그리하여
산다는 것은 죽어가는 것이며
산다는 것은 죽는다는 것이다
열심히 살아
더없이 죽어가는 것을 사랑하자
죽어가는 것에 사랑이 다할 때
진정 아름다웠노라고 말하리라

누군가 옛날에 그랬듯이

오늘 내가 사는 것은
누군가 옛날에 살았던 것
오늘 내가 사는 것은
누군가 미래에 살 것
그처럼 시대와 환경은 다르지만
인간 본연의 모습은 유구하다
네발에서 뒷발은 두 발로
앞발은 두 손이 아직도 진행 중인 엄청난 시간
그 시간 속에 이 모습의 과거는 지금을 보여주고
지금은 미래를 보여주리
비록 환경과 시대가 다르지만
그 옛날 누군가
나처럼 고뇌하고 때론 잠깐의 기쁨을 누리고
아등바등 살았겠지
미래에는 누군가 나처럼 살겠지
완전히 똑같지는 아니하여도 인간은 인간이라
그 모습 변치 않으리

허상에 불과하다

비행기가 날고
전철이 달리고
버스가 달리고
자가용이 달린다

분단 조국이고
서울을 서울이라 하고
부산을 부산이라 하고
인천을 인천이라 한다
평양을 평양이라 하고
신의주를 신의주라 하고
개성을 개성이라 한다

지금 하늘에 떠가는 구름을 구름이라 하고
달을 보고 달이라 하고
지구를 보고 지구라고 한다

이 모든 것은 한 점보다 더 작은
한 티끌보다 더 작은 허상에 불과하다

있음이 없음이고 없음이 있음이다

지나간 것은 모두가 없어진다
점점이 일직선 상으로 흐르는
시간도 공간도 나도 너도
사라지고 있으니
계속 나아가는 지금이 있음이다

눈 깜박 하니 없어지고
눈 깜박 하는 게 있음이다
있음의 바탕 위에 없음이고
없음의 바탕 위에 있음이다

아! 존재는 모두가 사라져 가고 있다
저너머의 별도 아득히 먼 옛날 소멸됐으리
태양도 달도 지구도 점점 없어져 가면서 지금 있다

점점이 일직선 상으로 흐르는데
있음의 바탕 위에 없어지다가 아주 없어지고
한편에서 끊임없이 새로 생긴다

없음이 있음이고 있음이 없음이다
아! 이런 자연법칙이 있는가
허무하도다

결국 사라지기 위해서 존재하는가
끊임없는 흐름의 바탕 위에 한 점을 차지하고
무로 소멸하면
새로 오는 것과 연계된다 한들 무엇을 느끼는가
어떻게 받아들여야 하는가
거역할 수 없는 자연의 순리다
일찍이 하늘 너머의 곳을 향하여 믿고 의지한다
있으므로 반드시 없어져야 하니
있음에 있음을 최대한 향유하고
존재의 본능에 충실하고
지금까지의 최고 선인 사랑에 충실하리라

잃어버린 전설을 찾으려

혼돈의 시대
이윽고 움직인다
호흡이 터졌다
한 마리가 어린 한 마리를 낳으니
챙겨주고 먹을 것 찾느라 어려움이 크다
너는 낳아 기르고
내가 먹을 것 찾으리
분업의 진화다
잃어버렸던 전설을 찾으려
아래에 돌출된 하나를 동경하고
위에 돌출된 두 개를 동경하니
그 언제였던가
까마득한 잃어버린 전설을 찾으려

타고난 성품이 그럴진대

옛날에 의로운 사람이 있었으니
나라를 위하여 내 한 몸 으스러지도록 충성하였고
결국 목숨까지 바쳤다
누구 하나 알아주는 이 없었다
그러나 그는 타고난 성품이
자기 자신에게 진실하려 하였다

근대에 의로운 사람이 있었으니
남편 얼굴도 모르고 열여섯에 가마 타고 시집갔다
신혼 초에 서방님이 우마차에 들이받힌 사고로
평생을 안방에 드러누웠다
일평생 서방님 수발을 하느라
검은 머리가 파뿌리가 되었고
열여섯에 앳된 새댁은 늙은이가 되었다
그는 타고난 성품이
자기 자신에게 진실하려 하였다

현대에 의로운 사람이 있었으니
아내가 앞을 못 보게 될 처지에 놓이자
서로 한 눈씩이라도 보자고
자기의 한 눈을 떼어 주었다
그는 타고난 성품이
자기 자신에게 진실한 사랑을 버릴 수가 없었다

시간에 대한 전설

히말라야 눈 덮인 계곡엔
금 부스러기가 있어 금이 매장돼 있나
한참을 뚫고 들어가 보니
한 사람이 죽은 듯 얼려 누워 있네
차림새로 보아 원시인 같아
몇천 년은 됐겠구나 싶어
눈 속에서 끄집어내서
따듯한 무덤가에 묻어 주려고
담요에 싸서 데리고와
구덩이를 파고 관에 넣어 관을 구덩이에 놓고
파묻으려 흙을 덮으려는데
관에서 움직임이 보이고 소리가 나니
기겁을 하고 꺼내니
이 사람 죽은 줄만 알았는데
눈을 똑바로 뜨고 움직이네
그 옛날 사냥 나왔다가 길을 잃어
계곡에 묻혔다네
순간적으로 몸은 냉동되고
몇천 년을 냉동상태에 있다가
지금에서 깨어났다네
지금 이 사람 이발을 하고
수염을 깎고 양복으로 갈아입고

구부정하게 서울 시내를 걸어가고 있다네
이 사람 나이는 20살인가 몇천 년인가
궁금하기만 하다네

시간과 자유

소년과 소녀는 시간이 더디 간다
투덜대기도 한다
하루가 왜 이리 길지
한 달은 어떻고
일 년은 왜 이리 길단 말인가

어른은 시간이 빨리 간다
투덜대기도 한다
하루가 왜 이리 짧지
한 달은 어떻고
일 년은 왜 이리 짧단 말인가

어른이 되어야만 하는 과정에
빨리 어른이 되어야 한다는 억압감
어른이 되기 위한 과정에
꼭 해야만 된다는 의무감들이다
억압과 의무감의 테두리 안에서는
시간은 더디 가기만 한다

어른은 자유다
어른은 자율이다
빨리 더 빨리 늙어야 된다는

억압과 의무감은 없다
자유로운 상태이고
의무를 지우지 않는 자율적인 상태이다
시간은 빨리 간다

더 자유로울수록
더 자율적일수록
시간은 더 빨리 간다

부모 밑에 자녀이고
자녀 위에 부모이다
자녀들은 시간이 안 간다 하고
부모들은 시간이 빨리 간다 한다

자유로울수록 시간은 빨리 간다

배낭을 메고 두 사람이 걷는다

배낭을 메고 두 사람이 걷는다
젊은 사람은 젊어서 튼튼하고 쌩쌩하건만
배낭에는 최근에 사업의 실패로
근심걱정이 가득 담겨 있다

노인은 늙어서 부실하고 힘이 없건만
더군다나 중풍까지 찾아와
걸음이 한 발 한 발 딛는 게 애기 걸음인 양 하고
비관도 많이 했지만 극복하고
희망을 가지고 열심히 살겠다는 각오가 하루하루가 새롭다
배낭에는 희망이 가득 담겨 있다

배낭을 메고 두 사람이 걷는다
늙은 중풍 걸린 사람이 먼저 와 있었다
젊음 사람은 그 후로도 한참이나 뒤에 왔다

갈대

우주가 흔들거린다
바람 따라 우주가 누웠다가는 일어나고
휘어졌다가는 다시 선다
내가 없으면 우주는 없다
내가 없어도 우주는 있다
내가 있으므로 우주는 바람 따라 흔들리고
내가 없으면 우주는 거기에 있다
바람이 분다
나는 흔들리는 갈대 하나

생각을 맡기는 전당포

공원 벤치에 생각을 맡기러 갔다가
호되게 야단을 맞고 거절당하니
피시방에 들러 생각을 맡기러 갔다가 한숨을 쉬니
전에 회사에 가서 오전에 생각을 맡기고
오후에 찾아서 집에 오는 게 좋았던 것이다

아마 지금쯤 전국 방방곡곡에는
서로들 어울려 수다 소리가 메아리칠 것이다
치고 빠지는 즉각 즉각 생각을 맡기곤 찾는
시간 가는 줄 모르게 저당 잡히려 한다

감옥 안에 독방은
홀로인 사람은 생각을 저당 잡힐 때가 없다
생각을 자기가 데리고 지내야 한다
생각이 말을 안 듣고 이리 가고 저리 가고
도무지 자기 말을 안 듣는다
생각이 나에게 집요하게 파고든다
파고들다 못 해 추궁한다
왜 내 얘기만 하냐고 하면
지금 내 옆에는 너뿐이 더 있냐고 한다

홀로 조용히 오솔길을 걸으며 사색을 하는 생각도

일정한 저당에서 풀릴 때 빛을 발하고
홀로 고독하게 사색하는 것도
일정한 저당에서 풀려날 때 빛을 발한다
자기를 뒤돌아 볼 수 없는 전당포에 계속 맡기면
그것 또한 안 좋다
나만의 희망을 가지고 목적을 추구하는 곳에
생각을 저당 잡히고 빼내어 나를 돌아본다

손안에는 뇌가 있다

손으로 물고기를 낚아채는 뇌는
손으로 새와 다람쥐를 잡았다는 뇌는
손으로 꽃을 꺾는 뇌는
손으로 식사하는 뇌는
손으로 설거지하는 뇌는
손으로 이성하고 악수하는 뇌는
손으로 절대 부드러운 유방을 만지는 뇌는
손으로 책을 만지는 뇌는
손으로 다이아몬드와 금을 만지는 뇌는
손으로 거액을 만지는 뇌는
손으로 대통령하고 악수하는 뇌는
손으로 좋아하는 연예인과 악수하는 뇌는
손으로 장례 하는 뇌는
손으로 엄마 손을 만지는 뇌는
손으로 내 가슴을 치는 뇌는

제3부

사람과 사람 사이

작은 방

벽 안에 작은 방
목욕탕에서 샤워를 한 후
발가벗은 상태로 콧노래를 부르며
수건으로 몸의 물기를 닦는다
침대에 누워 책을 읽으며
전축에서는 은은한 음악 소리가 감돈다
거울을 보며 나를 잊지 않도록 확인한다
만약에 하늘의 전투기가
도심에 폭탄을 투하하더라도
이 작은 방은 끄덕하지 않으리
만약에 지진과 해일이 밀려온다 해도
이 작은 방은 끄덕하지 않으리
이 세상 누구도 범하지 못하는 곳
이 세상 어떠한 궁전보다도
아늑하며 철통 같은 곳
도심의 벽 속에 작은 방
휴식을 취하며 인생이 익어간다

사람과 사람 사이

사람과 사람은 그 사이가 있습니다
내가 있고 네가 있고 우리가 있는 사이입니다
사람과 사람 사이에 지켜야 할 본분이 있습니다
진정 사람으로 거듭나고 사람다운 사람이 되는 사람과
진정 사람답지 않은 사람입니다

사람과 사람 사이에
그 사이에 예절이 놓여 있습니다
마땅히 지켜야 하고 갈고 닦아 한순간이라도 잊으려 할 때에
무의식적으로도 지켜야 하는 예의는
진정 사람다움을 말합니다
그것을 져버렸을 때엔 진정 사람답지 않은 사람입니다

사람과 사람 사이에
그 사이에는 예절이 있습니다

컵에 물

컵에 물이 가득하면 넘친다
넘친 물을 먹으려 할 때에 옷이 적신다
넘치는 물은 교만해서는 안 된다
큰 무리는 아니어도 넘침은 많아서 좋은 게 아니라
때론 작은 탈이다

컵에 물이 적을 때에는 갈증이 해소되지 않는다
물이 모자라면
갈증이 해소되지 않는 어려움이다
물이 모자라면 더 채워야 한다
더 채울 수 없을 때에는
용감하며 무례하게 달라 하지 말고
겸손하게 물을 도와달라 하여야 한다
한번 모자란 물은 오래도 가고
채울 수 없는 때에는 겸손해야 한다

컵에 물이 안정되게
위로는 넘치지도 아니하고
아래로는 모자라지도 아니하여
갈증이 해소되고 옷에 물이 적시지 않는
중용의 물이다

누구를 위하여 꽃은 피는가

누구를 위하여 꽃은 피는가
사람들이 꽃이 예쁘다 하고 아름답다 한다
벌이 꽃 찾아 오간다
다람쥐가 꽃 사이로 뛰어간다
나비가 꽃에 앉고는 이내 날아가고
벌레들 기어오르며 내려간다
흙은 지탱하고
바람은 머물다 가고
비는 촉촉이 적시고
해는 내리쬐고
달은 재운다

누구를 위하여 꽃은 피는가
꽃은 피워야만 하고
피지 않을 수가 없고 반드시 피어야 한다
꽃은 자기 자신을 위하여 반드시 피어야만 된다
그러면서 모든 것들과 어우러지는 것이다

꽃은 자기 자신을 위하여 피되
피었을 때는 모든 것들과 관계를 위하여 핀 것이다

비가 오는데

비가 오는데 헤!
비가 오는데 헤!

게릴라성 폭우에
늙으신 엄마하고 마누라가 쓸려 떠내려가는데
나는 마누라 손을 덥석 잡았지

비가 오는데 헤!
비가 오는데 헤!

국지성 폭우에
나하고 아들하고 쓸려 떠내려 가는데
마누라는 아들 손을 덥석 잡네

비가 오는데 헤!
비가 오는데 헤!

까치에게

오! 까치야
얼마나 많은 그리운 님 소식을 전해 주려고
날이면 날마다 보이는구나
전해오는 말에 의하면 까치를 보면
기쁜 소식이 온다 했지
산에 오를 때마다 보이고
연달아 그제도 어제도 오늘도 보이니
아주 여기서 사는구나
전해오는 말 때문에 너를 볼 때마다 싱긋 미소 짓고
마음이 흐뭇하구나
너를 정답게 눈으로 쏘는구나

오! 까치야
그런데 어인 일인가
내사 이렇게 많은 나날을 와도
기쁜 소식이 없는 것 같구나
그 생각에 이제는 너를 무덤덤하게 쳐다보는구나

오! 까치야
말 좀 해다오
옛날에 누군가 헛소문을 퍼뜨린 것이냐
오늘도 너를 보며 뭐가 기쁜 소식이 오냐

투덜도 해보았구나

오! 까치야
감기몸살에 며칠을 앓아 고생하다가
오래간만에 산에 오르니 너는 어김없이 보이는구나

오! 까치야
이렇게 건강하게 너를 본다는 게
기쁜 소식이 아니더냐
산에 오를 수 있고 산에 올라와 너를 본다는 것이
기쁜 소식이더라

나는 화살은 정지해 있다

시위를 당긴다
화살은 매 순간 정지해 있다
눈을 깜박거릴 때마다 화살은 정지하고
점점이 이어지는 정지의 순간은 이윽고 과녁에 꽂힐 것이다
매 순간마다 정지한 공간은 날고
매 순간마다 정지한 시간은 흐른다
점점이 이어진다
모습도 건강도 생각도 축적의 정점이다
순간을 정지하며 순간을 난다
순간을 정지하며 순간이 흘러간다
어느 순간 마다 마다는 추억이 되고
어느 순간은 고통이 되고
어느 순간은 기쁨이 넘쳐난다
나는 화살은 지금 바로 여기의 정지가 전부이다
전부가 점점이 난다
과녁은 어김없이 기다리고 있고
과녁에 꽂히는 화살은 그야말로 영원한 정지이다
전부가 점점이 난다
과녁은 어김없이 기다리고 있고
과녁에 꽂히는 화살은 그야말로 영원한 정지이다
한 사람이 지금 바로 시위를 당긴다
한 사람이 지금 바로 정지하며 날아가고 있다
한 사람은 과녁에 묻혔다

동심의 행복

돌이켜보면 가난한 어린 시절
나라가 가난한 시절 그중에서도 더욱 가난해
그 아이는 옷도 변변치 못하고
신발도 낡고 헐었으며 군것질은
오래 있다가 한 번씩 하였고
식사는 보리밥과 궁둥네 나는 김치 한 가지
집은 허름하고도 좁고
동네도 다닥다닥 붙은 게 가난이 물들어 있는데
그 아이는 행복해했습니다
없으면 없는 대로 놀이를 하고
천진난만하게 하루하루를 있는 그대로 받아들이고
있는 그대로가 이 세상인가보다 하고
있는 그대로에서 닿는 대로
재미있고 신나게 뛰노는 행복하기만 했습니다
돌이켜보면 슬프고도 에린 어린 가난한 시절이었건만
지금은 나라가 부유해졌고 거기에 편승해
지금은 어른이 된 그 아이는 몇십 배 잘 살아졌는데
그때만큼 순수한 동심으로 행복감을 느끼나요
행복하기도 하지만 일상은 그저
무덤덤하고 아등바등하지 않나 싶네요
지금 돌이켜보면 가난한 그 아이가 불쌍하기도 하지만
동심의 행복은 참으로 위대했습니다

낙엽

실핀인 머리핀이 보도블록에 떨어지는데
모르고 앞만 보고 가는 소녀에게
소년은 머리핀을 주워서
저기요라 부르니
소녀는 뒤돌아 보면서 네 하니
머리핀 떨어뜨렸어요 하고
소년은 멋쩍게 한 손으로 머리를 긁으며
한 손으론 내민다
소녀는 소년의 손에 있는 머리핀을
엄지와 검지로 살짝 잡아 가지고
부끄러워하며 감사합니다 하니
소년은 필요하며 멋쩍어한다
이 가을날
소녀는 노오란 은행잎을 주워서
소설책 15페이지에 끼운다
나무를 빗자루로 탁탁 친다
흔들거리니 조금은 떨어진다
쳐다보며 한꺼번에 떨어질 수는 없는가
쓸어도 쓸어도 매일 떨어지니
하기야 즐거운 마음으로 쓸어야지
쓰레기가 있어야 내 할 일이지
노오란 단풍잎은 쓸린다

이 가을날
낙엽은 저마다의 감정이다

엄마

남산을 들어다 북한산으로 옮기고
북한산을 들어다 남산으로 옮긴다
포항제철소에 쇠는 녹고
철판이라면 닳아 구멍이 뚫린다
산을 들어 올리는 초인은
무쇠라면 벌써 닳아 없어졌을 법한 듯
바람 불면 쓰러질라 연약한 갈대의 몸매에
자식을 보듬어야 한다는 사명은
초인적인 정신력이다
자식을 위해 자식을 위해서라면
내 몸에서 분리되 자식을 위해
죽기 전까지 희생하고 사랑하는 갈대의 여인
무슨 죄가 그리 많기에
생엔들 무슨 죄가 많았기에
이리도 피눈물나는 고생과 고통을 감내하는가
그게 아니다
천륜은 원죄다
원죄는 무조건적 희생이요 사랑이다
자식은 엄마의 반만큼
아니 반의반만큼이라도 해 드리면 좋으련마는
엄마는 엄마이기에
아무런 대가를 바라지 않는 듯

무쇠라면 벌써 다 닳아 없어졌을 법한
이 산을 들어 저 산으로 옮기고
저 산을 들어 이 산으로 옮기는
지상에 위대한 사랑은 엄마다

어린 누이의 머리카락

누이는 긴 머리 소녀
앳된 나이의 맏누이는
긴 생머리 머리카락을 팔았다네
온 나라 안이 가난하던 시절
그중에서도 더욱 가난해
어린 동생들 국수를 사주고
눈깔사탕도 사주었다네
누이의 머리는 짧디짧은 소년 같다네
가난이 뭔지 어린 동생들 챙겨주고
희생하는 내리 사랑
누이의 머리카락은
서양 여인의 가발이 되었다네
어느 나라에서 온 머리카락인지
이리도 곱더란 말이냐
참으로 아름다운 머리카락이다
슬픈 머리카락이지만
아마도 검은 동양의 소녀일 것만 같구나
그 나라도 언젠가는 잘 살겠지
그 소녀도 언젠가는 잘 살겠지
그 소녀도 슬프지만 아름답겠지
서양 여인은 소중하게 가발을 쓰고 외출한다네

내 마음에는 사람이 살고 있다

에리고 불쌍하며 슬픈 고통으로 다가오고
기쁘고 벅차며 미소를 짓고
웃음을 지으며 행복으로 다가온다
아픈 사연에 슬퍼하고
기쁜 사연에 웃음 짓는다
언제부터인가
아마도 태어나면서부터
내 마음에는 사람이 뚜벅뚜벅 들어오기 시작했다
내 마음에는 소중한 사람들이 살고 있다
비록 멀리 떨어져 있어 안 보여도
감정은 꿈틀거리고
행여 돌아올 수 없는 영원한 이별로 없다 해도
마음에 살아서 감정이 꿈틀거리며 소통을 한다
그것은 내가 살아가면서
운 좋고 불행한 억세게 사나우며
부드러운 모질면서 끈끈한
알 수 없는 인연이었다
좋아한다기에 슬프고
미워한다기에 기뻐서
그것은 사랑이다
내 마음에는 사람이 살고 있어
사랑스러운 인연의 사람들이다

야무지고 착한 손주

오랜만에 들리는 손주는
마음 씀씀이가 야무지고 착한 아이
홀로 계시는 할머니
안부 인사를 왔다네
불편하신 데는 없는지
이런 당연한 인사는 접어 두고
두 팔 걷어 올리고
할머니 양말 좀 벗으세요
양말은 왜 벗으래
엄지발가락이 달팽이처럼 굵게 튀어 나온 데를
손톱깍이로 정성 들여 깎고
나머지 발톱도 단정하게 깎아 드리고
발뒷꿈치며 툭 튀어 나온 데 갈라지고 굳은살을
세숫대야에 미지근한 물을 담아서 발을 불리게 하고
깨끗이 벗겨 낸다네
관절 약은 어디 있어요
고혈압 약은 어디 있어요
냉장고를 열어 보고
옷장을 열어 보고
쌀독을 열어보고
집안 구석구석을 살피는 탐정 손주
하룻밤을 할머니와 함께 지내고

다음 날 아침에
할머니 제가 아르바이트해서 번 돈이에요
약소하지만 받으세요
니 엄마가 매달 주는데 아서라 너나 써라
엄마도 엄마이지만 저는 접니다
정말 야무지고 착한 손주랍니다

질병은 언제쯤에나 정복될까

아빠는 슬퍼서 울음도 나오기 전에
당황스럽고 어안이 벙벙하였다
사장실에서 급히 병원으로 달려간다
하나뿐이 없는 외동딸은
암이라는 불치병의 앳된 아가씨
전 재산을 털어 살리기로 결심하고
먼 훗날 딸을 위해 글을 남긴다

화성으로 가는 열차에서
달에 들렸을 적에 얘기를 하다가
말인즉 지금에서야 개발됐으니
내 좌석 앞에 여러분들은 오백 년 후손들이네요
그 당시 대한민국은 분단 조국이었고
지금처럼 세계를 이끌어가는
나라로는 군림하지는 않았지요
역사는 끊임없는 외세에 시달렸건만
지금에 이르러 세계를 호령하니
상상도 못했던 것이지요
화성에서 머물다가 목성으로 갈까 했는데
아빠가 글에서 금빛 나는 햇빛을 좋아해서
태양으로 가보기로 했답니다

아가씨는 결혼하였지만
자식 하나가 화성 1호라는 바이러스에 감염되는
불치병에 걸려
전 재산을 털어 살리기로 결심하고
자식이 먼 훗날 보라고 글을 남긴다

그대와의 사랑이란

그대에게 빚을 졌으니
이 빚은 원금도 원금이려니와
이자까지 갚으려면
죄인인 양 속죄하는 마음으로
그 은혜 평생 잊지 못할
평생이 다 가도 못 갚으리
그대는 나에게 애틋한 마음을 주고
그대는 나에게 편지와 전화와 껌 한 통을 주었으니
그대에게 주고 싶은 마음은
어디서 온 것일까
그대가 아무 말도 안 했는데도
그대를 떠올리면
내 마음은 애틋하게 그대를 생각하고
산이라도 뽑아서
그대 집 뒤에 심어주고 싶고
바다라도 퍼서
그대 집 앞에 그득 담아주고 싶네
하다못해 작은 것 하나라도
실핀 하나 사탕 한 개라도 주고 싶네
마냥 주고 싶은 이내 마음은 기쁨이 솟구친다네

제4부

저 산은 걷고 있다

반겨주니 고맙다

오늘따라 왜 이리 외로울까
쓸쓸한 마음은 회사에서도 내내 그랬건만
퇴근하는 발걸음은 더욱 무거워
같이 옆에만 있어줄 사람이 그립다
지나가는 사람들 모르는 사이에
거리감은 더욱더 외롭다
홀로 사는 독신이라
집에 가면 빈집이건만
그래도 제 움막 찾아가야만 한다
쓸쓸히 열쇠로 문을 따니
꼬리를 흔들며 마구 달려와
앞발을 들어 바지에 대고
다리를 핥으며 눈은 선하고 많이 반가워한다
가만히 서서 물끄러미 바라보다
머리를 쓰다듬어 주고
밖으로 나가서 큰맘 먹고 튀긴 통닭 한 마리를 사서
반은 내 몫으로 남기고 반을 주었다
너무나 고맙다
반겨주는 네가 고맙다

해질 무렵

해가 산에 가까워져 올 때
해가 바다에 가까워져 올 때
햇빛은 익어 만물을 그윽하게 하고
익은 햇빛은 만물을 황금빛으로 빛나게 한다

그윽하고도 황금빛으로 빛나는 사람은
해질 무렵 산삼 같은 시간에
하루의 노동을 마무리하며
하루를 보냈다는
감사와 기쁨의 생각을 얻는다

장관을 이루는 석양의 풍경은
이 세상을 사랑하는 생각으로 이어지고
이 세상을 사랑하는 사람으로 넘쳐난다
존재의 환희이다

해질 무렵 산삼 같은 시간에
이 세상을 사랑하는 사람들로 넘쳐나고
존재의 행복을 느끼는 사람들로 넘쳐나니
존재의 환희이다

저 산은 걷고 있다

저 산은 걷고 있다
오르고 내려가고
굽이굽이 마다 마다의
산 땅을 밟고 걸어간다

저 산은 걷고 있다
오늘도 어김없이
생존의 운동은 건강을 위하여

아픈 산이 걷고 있다
나아지려고 부지런히 걷는다

정상인 산이 걷고 있다
유지하고 다지려고 부지런히 걷는다

저 산이 걸으니
사람들의 얼굴에서 핏기가 돈다

꿈속에서

밤에 무덤가에 가보았다
여기는 공동묘지
아! 이게 어찌 된 일인가
이리도 많은 영혼들이 공중을 떠돌고 있다
아니 벌써 하늘 저 멀리
하늘나라에 다 갔어야 하는데
왜 안 가고 이 많은 영혼이 무덤가를 맴도나
나는 영혼 하나를 붙들고 얘기했다
왜 아니 가시나요
지상에 미련이 많아 못 가나요
하늘 저 멀리 하늘나라
그곳은 기쁨으로 가득찬 곳이 아닌가요
영혼이 말한다
하늘 저 멀리 하늘나라가 어디 있고
영혼이라는 게 어디 있나 무슨 헛소리를 하는가
사람이 있으면 좋겠다 싶어 만든 말인데
이 사람아 호통을 친다
식은땀이 나고 무서웠다
꿈속에서

지금도 진화 중

자꾸 자르니까
엄청난 시간이 흐르면
반들반들해질 거야
양성 둘 다가
왜냐하면 유전자는 순응해서 길들어져
서서히 없어지다가
햇빛에 광이 나며 반들반들해지겠지
그러면 패션은 거기에다가 난을 그려 넣을까
새를 아니면 글씨를
아니면 미용으로 광택제가 개발되어
반짝반짝 윤이 짤짤 흐르게 바르겠지

자꾸 자르니까
엄청난 시간이 흐르면
더 이상 나오지는 않을 거야
나오지도 않지만 아예 없어질 거야
아주 쬐금씩 축적된 유전자는
오랜 훗날에 그렇게 기억할 거야
그러면 네일아트라고 요즘에 퍼지는 직업은 사라지겠지

어떻게 변하든
우리는 지금 세대보다는 다음 세대는 더 나아야 하고
평화와 사랑이 충만한 세상을 기원한다네

거미줄과 어린이

햇볕은 등껍질에 돋보기를 가져다 덴 듯
습도는 등이 뒤집혀 배를 드러내고 다리를 허우적댄 듯
한여름의 정오
줄에 침묵의 포복
없다 하고 숨죽이고 지켜본다
여름날 정오의 침묵은 비행하는 잠자리의 자유로움
기다리고 기다려도 오지 않는
먹고산다는 것은 힘든 일
오늘 하루의 양식을 노동한다
이윽고 띨띨하고 멍청한 자기희생의 착한 잠자리 하나
거미줄에 걸린다
허공인 줄 알고 날아가다 딱 달라붙는다
거미가 노동의 결실을 맛보려는 순간
심성이 착한 어린이
잠자리를 살짝 들어 날려 보내니
착한 일을 한 것 같아 흐뭇해 한다
같이 가던 형은 말한다
잠자리는 살았지만 이 더위에 거미는

한여름의 솔잎 향기

변강쇠가 된 듯 해는 햇볕을
산에 힘차게 쏟아 부은다
산 숲 타들어 가듯 흐느적거린다
솔잎 타들어 가듯 흐느적거린다
소나무 그늘 아래서
어디서 제사 지내는 것 같은 향 그윽하게 퍼져
이 근처에 묘지라도 있나
이 더위에 산소를 왔나
사방을 보아도 숲이다
옹녀가 된 듯 소나무 흐느적거리며
솔잎 타들어 가듯 솔잎 향기 퍼진다

산봉우리

구름을 이고 하늘을 향하여 머리를 내민
비바람과 눈을 맞으며 굳세게 지킨다
낯선 짐승과 사람이 건드려도 끄덕 않고
안으로 안으로 다진다
고압선 철탑이 가슴을 파고들어 박혀 있어도
의연히 지켜내는 가장
발들은 길을내어 밟아도 꿈쩍 않는
오히려 편하게 가시라 한다
천둥이 치고 벼락이 때려도
모두 이겨내고 계곡을 감싸 안으며
숲들과 짐승들을 보호한다
하늘에 퍼런 공간을 향해 살아 있음을 감사하며
계곡은 숲들과 짐승들을 보듬는다
의연하게 하늘을 향해 우뚝 선 가장
구름을 이고 하늘을 향하여 머리를 내밀고 있다

바람을 쐰다

벽은 시간을 쪼갠다
벽으로 막힌 쪼가리 시간이
답답하다고 갑갑하다고 한다
시간을 가둔 방 안은
피부가 쉬고 정신이 쉬는 아늑함
쉬면은 움직이라 하니
벽 밖으로 넓은 시간으로 가자
공간에 내 피부를 마찰시키자
피부도 정신도 시간도 흘러간다
뻥 뚫린 공간에 바람이 살아
피부는 바람을 쐬고
정신은 바람을 쐰다
번뜩이는 나는 살아 있다
바람이 전해주는 존재의 느낌
아늑함과 번뜩임을 교대로 쐬는
피부와 정신은
이 밤 벽 속으로 시간을 쪼개러 들어간다

표주박

엄마에게 달려간다
엄마! 나! 갈증나
또한 이왕 온 김에 엄마 뵙고 가려고
산속에 샘물이 흐르고 일컬어 약수터
줄 서니 손에 들려준다
아! 혼자도 외로우되
저기 연인은 한 표주박의 키스
엄마는 말씀하시니 얘야 너뿐만이 아니란다
지켜보면 표주박에 홀로 키스 의외로 많기도 하련다
표주박에 키스도 짝이 있는데
이내 몸은 표주박에 홀로 키스

모래 한 알

저기 모래 한 알 있으니
극히 자연스러운 것이랴
반도체가 무수한 연산을 한들
저항, 콘덴서… 회로를 이루어 기능을 이룬들
여기 모래 한 알만 하랴
찬란한 시대적 문명도 문화도
꿈꾸듯 사라지는 인공의 허상이랴
여기 모래 한 알이 우주를 품는다
절대의 모래 한 알이 있듯이
절대의 한 사람이 여기 있다

벼락

벼락이 친다
벼락을 맞고 싶다 벼락을
요행의 벼락을

벼락이 친다
벼락이 싫다 벼락이
불행의 날벼락이

너무나도 달콤한 벼락
너무나도 끔찍한 벼락

벼락이 친다
벼락은 우르르 쾅쾅 운명이라고

간사한 벼락이 친다
야비한 벼락이 친다
흥분의 벼락이 친다
좌절의 벼락이 친다

지하철에서

김 대리는 눈을 감는다
자는 것이 아니라 눈이 눈을 감춘다
내 눈은 나 없듯이 난 모른다 너희들의 눈들을
김 양은 차창 밖을 본다
가끔 눈들과 마주치고 이내 차창 밖을 본다
눈이 쏜살같이 지나가고 눈은 달린다
내 눈은 나 없듯이 난 모른다 너희들의 눈들을
아저씨는 다 읽은 신문을 또 읽고
아줌마는 떴다 간 명상에 잠기고 떴다 가 명상에 잠긴다
아가씨는 광고를 보고 또 본다
지하철 좁은 공간에 장시간 낯선 눈끼리 마주쳐도
이상할 건 없지만 어색하다
때 묻은 어른이다
새댁의 포대기 속에 애기는 스스럼없는 선한 눈이다
눈에 걸리는 게 없다
때가 묻지 않았으니 눈은 자연스러운 눈이다
다른 데에 눈을 붙인다는 게 더 어색하다
눈들이 지하철 좁은 공간에 여기저기 달라붙는다
벽에다 천장에다 신문에다 책에다 휴대폰에다 붙은 눈을
지하철에서 내릴 때 떼어내어 눈에 넣고 나간다

산에는

나무와 짐승과 흙과 돌을 품었다
품음은 낮은 곳을 향하여 보듬는 생명수
사람은 나무와 흙과 돌이다
발이 탄다 타는 발을 목을 축이는 가냘픈 사람
희생은 당연한 것처럼 순리는 생명을 보듬는 것처럼
누가 봐도 누가 안 봐도 떨어져서 흘렀다
생명을 품은 여인은 푸르른 골짜기
낮은 곳으로 낮은 곳으로
끊임없는 생명수를 뿜어낸다
사람도 나무와 짐승과 흙과 돌이다
나무와 짐승과 흙과 돌을 품은 여인

고독

봄철을 화려하게 축제한 뒤 떨구어지는 꽃잎
비바람을 견뎌낸 뒤 말라비틀어지는 꽃잎

여름철 깊은 산속 바윗돌의 정적
햇빛에 소나무 솔 향기 타는 듯한 고요

가을철 쓸쓸히 떨어지는 낙엽
마지막 잎새를 떨군 나무

겨울철 에일 듯한 바람과 혹독한 추위를 견뎌내는
앙상한 나무
아무도 밟지 않은 눈길을 홀로 걸어가는 이

살아가매 이들이 내 마음에 찾아와서
함께하는 고독은 내면을 다지고 다진다

라일락

싱그러운 푸르른 오월에
등나무에 주렁주렁 열린
향기로운 자연의 방향제는
왔다 가는 사람마다 냄새 좋다고 한마디씩
향긋한 냄새는 푸르른 신록과 함께
자연과 벗 삼게 되는 이의 즐거움
라일락 향기 짙어가는
라일락 그늘 아래서
자연의 향수를 그득 맡으며
정다운 얘기를 나누는 한때는
시간도 취해 헤롱되며 머물고
오가는 말은 향기와 섞여
뇌 속 깊이 스며드는 향기로운 말
모두는 자연과 하나 되는 일체감의
마음이 뿌듯하게 부풀어 오르고
상쾌하게 전해지는
뇌 속을 깊이 훑는 냄새 한번 너무 좋구나

총소리

분단 조국은 반드시 통일이 되어야만 하고
언젠가 반드시 통일일 될 것이다

산에는 군부대 사격장이 있어
등산을 하는 이가
사격하는 소리를 듣는다
멀리서 쬐금씩 들리는 소리는
호숫물이 잔물결 일 듯
쏴아아 쏴아아
낮게 일렁이는 예쁜 소리이다

점점 가까워져 오니
쏴아악 쏴아악
바다에 파도가 일 듯
높게 출렁이는 시원한 소리이다

때는 거슬러 올라가서
한국 전쟁 때
들리는 총소리는 공포 그 자체다

거기에 있는 것을 믿습니다

거기에 있는 것을 나는 믿는다
먼 태곳적부터 얼마나 많은 이들이 믿어 왔던가
누가 믿으라 권유하지도 않아도
순수하게 자발적으로 우러나오는
살아가면서 자연과 하나라는 체득은
내면에 굳건히 자리 잡고 뇌는 깊고도 깊게 다져진다
하나의 큰 줄기 사상이 되고 신념이 되어
사고의 틀을 형성하는 거대한 주관으로 자리매김한다
나는 거기에의 하나됨이고
거기에의 광활한 한 티끌이다
경외감이 들고 엄숙하고도 숙연해진다
누가 무엇을 믿습니까 물어보면
나는 대답을 망설인다
그것은 어느 한정된 것이 아니니까
그것은 내면에서 우러나오는 자기만의 믿음이니까
나는 거기에 있는 것을 믿습니다

제5부

한마디의 말

손탔다

저기에 있는 게 없어졌다
그곳에 있었던 게 없어졌다

다람쥐가 와서 가져갔을까
강아지가 와서 가져갔을까
호랑이가 와서 가져갔을까
코끼리가 와서 가져갔을까

욕심이가 와서 가져갔다

그 누군가
알 수 없는 님의 손이 탓다

변신

지금 살아 있는 나는
몇천 년을 살고 있는 것이다
거슬러 올라가면 최초의 생명에 탄생부터
한 시대의 허물을 벗고 새로이 한 시대로 변신하고
또다시 한 시대의 허물을 벗는다
기억이 안 난다 기억이 안 난다 한다
짐작건대 손엔 돌화살이 있고
갓을 쓰고 수염을 기르진 않았을까
지금의 나로 변신하여
지금 시대를 사는데
시대마다 갈아타기만 했지
사는 건 거기서 거기더라
아! 언젠가 나는 허물을 벗으리
새로이 변신한 나는
미래의 한 시대를 살으리

이 세상에서 제일 불쌍한 것 같네

밖에서 우연하게 부모님을 본다
저쯤에서 걸어가시는 뒷모습이 보인다
인파 속에 눈에 띄는 걸어가시는 부모님
가슴이 찡하고 눈이 핑한다
너무나 불쌍하시다

밖에서 우연하게 자식을 본다
저쯤에서 걸어가는 뒷모습이 보인다
인파 속에 눈에 띄는 걸어가는 자식
가슴이 찡하고 눈이 핑한다
너무나 불쌍하다

밖에서 우연하게 아내를 본다
저쯤에서 걸어가는 뒷모습이 보인다
인파 속에 눈에 띄는 걸어가는 아내
가슴이 찡하고 눈이 핑한다
너무나 불쌍하다

그것은 너무나 정이 들었기 때문이다
너무나 사랑하기 때문이다

삶이 곧 예술이다

삶이 곧 예술이다
삶 속에서 감동과 아름다움을 본다
저마다의 안목이 따로 있고
연륜이 깊어지고 지혜가 더할 때
삶 속에 예술을 보는 안목은 높으리

일찍이 어린이들도
겪고 느끼는 게 예술 행위의 주체이며
감상하는 객체이다

사계절 따라 변화하는 산의 모습을 보는 것은
얼마나 감동적이고 아름다운가
그 모습은 인위적이 아닌 자연적인 것
살아 있는 예술이다

드넓은 바다도 황혼도 하늘도
살아가면서 보고 느끼는 예술 감상이다
도시를 지나가는 수많은 사람들
건물들도 물건들도
너와 나 우리들이 연출 안 한
시대와 사회적 연출의
물 흐르는 듯한 행위의 예술이다

황혼 무렵
도심에서 하루의 노동을 끝내고 퇴근하는 사람들이
분주히 오가는 것을 보면서
한 편의 전위예술을 나도 모르듯이 느끼며 감상한다

공간이동

1호선 전철을 타고 좌석에 앉지
전철은 달리지
나는 가만히 있지
그러니 걷지도 아니하고 뛰지도 아니하였지
차창 밖은 쏜살같이 모습들이 스치지
1시간이 지나니 서울에 있지
내가 서울에 간 것인가
전철이 서울에 간 것인가
나는 의자에 가만히 앉아만 있었지
전철은 달렸지
내가 이동한 것인가
전철이 이동한 것인가
또한 전철은
전철은 1시간 동안 움직이기만 했지
그리하면 전철이 이동한 것인가
시간이 이동한 것인가
전철에 타서 의자에 앉았지
졸려서 침을 흘리며 잤지
깨어보니 서울이지
내가 서울까지 이동한 것인가
전철이 서울까지 이동한 것인가
시간이 서울까지 이동한 것인가

눈물

진정 사람임을
진정 거듭나는 사람임을
뚝뚝 떨어지는
뺨 위로 흐르는 눈물

입에 살며시 스며들어
혀에 닿으면 짠맛은
마음을 정화한다
정화되는 마음은
진정 사람다움을 향하여 성숙되는 것

흐르는 눈물
마음에 씨앗 하나 떨구어
그때에 사랑을 예절을 싹을 틔운다
싹은 더욱더 자라나 풍성한 열매를 맺힐 때
거듭나는 사람다움을 갖추고
마음은 풍요로워지는 기쁨의 샘이 솟는다

작은 것

작은 먼지와 가스가 모인다
물 한 방울이 모여서 샘물을 이루고
강물을 이루고 바다를 이룬다
모래 한 알이 모여서
백사장을 이루고 사막을 이루고
철 한 알이 모여서 철근을 이루고
너와 내가 모여서 우리다
너와 나와 그대가 모여서 인류다
티끌을 모으면 태산을 이룬다

원대한 기획은 한 사람의 마음에서 시작되기도
작은 사무실에서 이루어지기도 하리
원대한 포부도 지금 한 사람의 마음속에 있으니
그것이 실현되는 때는 엄청나게 크다
때는 큰 때만이 아닐지니
작은 때를 소중하게 여기고
확실히 움켜지면 지렛대가 되리
목욕탕에 가득 담긴 물도
조그만 구멍 속으로 다 빨려들어 간다

작은 것 그것은 큰 것이다
큰 것을 이루려면 작은 것을 놓쳐서는 안 되리

작은 것이 큰 것을 이룬다
작다고 가벼이 안 여기고
소중하게 열정을 가지고 임하면
큰 것을 이루리라
그대 가슴에 작은 소망 하나
그것이 키다란 그대를 이루고
더 나아가 원대한 꿈이 펼쳐지리

돌을 던지네

겨울에 눈이 내리면 낭만이 있는
눈을 한 움큼 집어 양손으로 꾹꾹 눌러
다정한 사람에게 던지는 웃음꽃
남녀노소는 애정의 몸짓인 눈돌을 던진다
맞으면은 잘도 맞히네 하면서 웃고
일부러 맞아주고 웃고
못 맞히게 피하여 약 올리며 웃고
너도 한번 맞아 봐라 하고 던지며 웃고
맞힌 사람 제대로 날아가 맞았네 하고 웃고
던지고 낮는 다정함의 눈돌
눈이 안 내리는 계절엔
진짜 작은 돌이 날아가고 날아온다
연인은 작은 돌을 던지며 일부러 맞아 주기도 하고
자꾸 피하면서 그렇게 못 맞히나 나는 맞힌다 하고
아프지 않은 작은 돌을 조준하여 맞히니
그녀는 어쭈! 두고 봐라
이만한 돌을 번쩍 들고 어디 한번 맞아볼래
너무 끌리어 다정함의 돌을 던지네
아주 친한, 친하고 싶다는 몫짓의 표현이리라

한마디의 말

고도로 응축되고 무한한 말
순간이 영원화 되고 영원 속에 한순간
기쁨은 넘쳐나고 환희의 떨림
조심스럽고 두려운 떨림

하늘을 나는 새가 되고
바다를 가르는 고래가 되고
숲을 뛰어가는 사슴이 되리

무아지경에 이른 황홀함은
슬픔을 준비하고 고통도 준비하고
알 수 없는 이별도 준비하라고
그리하메도 모진 세파에도
우리는 굳건히 지키고 이어 나가기를 다짐하리

벅찬 감동에 가슴은 쿵쿵쾅쾅 뛰고
눈꺼풀은 파르르 떨고
온몸이 녹아들 듯 흐느적거리는
당신을 사랑해요 이 한마디의 말

마음만을 받겠어요

비 개인 다음날 하늘과 산과 바다와 들은
눈부시게 맑고 빨려들어 갈 것만 같은 풍경이다
비 개인 다음날의 풍경을 그대에게 선물하고 싶소

해질 무렵 노을이 밀려오고
붉은 해가 스물스물 바다에 빠지려 할 때
엄숙하고도 장엄한 풍경을 그대에게 드리고 싶소

봄엔 꽃을
여름엔 계곡물을
가을엔 열매를
겨울엔 눈을

내 가진 게 없어 이 모든 것을 그대에게 선물하리다
정녕 물질적으로 주고 싶은데 그게 아니 되니
그대가 비 개인 다음날
하늘과 산과 바다와 들을 언젠가 보실 때
나를 기억해 주오

그대가 해질 무렵
석양의 엄숙하고도 장엄한 풍경을 보실 때
나를 기억해 주오

봄에 꽃이 필 양이면
여름에 계곡물이 힘차게 쏟아질 양이면
가을에 열매들이 무르익을 양이면
겨울에 눈이 펄펄 내릴 양이면
나를 기억해 주오

정녕 물질적으로 주고 싶은데
그게 아니 되니
이 모든 것을 그대에게 드리리

아닙니다
천만의 말씀이에요
그 모든 것들은 얼마나 아름다운 것들이에요
그것보다 값진 게 물질이겠어요
아닙니다
천만의 말씀이에요
그와 같은 아름다운 마음을
그런 고운 마음을 받겠어요
마음만을 받겠어요
그런 마음보다 값진 선물이 어디 있겠어요
정말 고마운 선물이에요
고맙게 받겠습니다

돌아오는 길에

기쁨이 넘쳐나서 황홀한 지경에 이르렀다
뛰어서 가기도 하고 팔을 힘차게 흔들기도 하고
입에는 웃음이 가득하고
가슴은 한껏 부풀어 날개만 있다면
금방이라도 저 하늘로 날아갈 것만 같다
차갑게도 거리를 두고
톡톡 쏘아댈 때
마음은 얼음장 같고 쪼이면서도
싫지만은 않았다
그런 그녀에게 교제해보자는
승낙을 얻은 것이다
몸이 왜 이럴까
마음도 왜 이럴까
붕붕 뜨고 날아갈 것만 같은
거리에 사람들이 너무나 좋다
일일이 악수라도 하고 포옹하고 싶다
달리는 자동차가 예뻐 보이고
가게들은 정답고
하다못해 간판 글씨도 너무나 좋다
길가에 돌멩이 하나까지 반갑다
집으로 돌아와서는
가시지 않는 들뜬 마음은

온밤을 하얗게 지새운다
너무나 끌리는 이성을 좋아서일까
분명히 내게도 사랑이 찾아온 것일 게다

오십구 년 하고
딱 하루를 기다린 당신은

어느 홀아비
총각을 지나 노총각
노총각을 지나 홀아비
결혼은 안 한 거요 그렇지 않으면 못 한 거요
짚신도 짝이 있다는데 말이요

홀아비인 그는
인연이라는 것은 안 하는 게 아니라 못 하는 것

총각 때 인연을 못 만났다
노총각 때 인연을 못 만났다
홀아비인 지금도 세월은 자꾸만 가는 것

홀아비인 그에게도
때늦은 인연은 닿았다

그 여인도 홀애미
처녀를 지나 노처녀
노처녀를 지나 홀애미

홀아비와 홀애미는
오십구 년 하고 딱 하루만의 인연을 맺었다

멀리도 가까이도

철새가 날아가듯
아주 멀리 떨어져 있어도
철새는 또다시 날아오듯이
그대가 아주 멀리 있어도
내 마음엔 언제나 내곁에 있답니다
비록 아주 멀리 떨어져 있어도
변하지 않는 믿음은 가까이에 있답니다

일상의 나날 속에 가까이에 있어도
정다우면서도 때론 부대끼기도 하지만
양보하고 이해하려는 변함없는 마음은
더욱더 가까이에 있답니다
가까이에 있어도 때론 멀어지기도 할 수 있지만
이해하고 용서하는 마음은 오래지 않아 풀려버려
멀어지지 아니하고 더욱더 가까이에 있기만 하답니다

멀리도 가까이도
당신은 항상 내 곁에 있답니다

살포시 그녀는 왔다

혼자였을 때 부러워하며 때론 질투하며
많이도 보아 왔다
어디를 가나 헤어지고는 못산다는 듯이
다정하고 기쁨이 넘쳐나 보였다
다만 도장을 찍은 듯한 사람들은 조금 달라 보였다
많이 보면 닮는지
조금은 무덤덤하게 서로 앞만 보고 걷기도 한다

저렇게도 좋을까
이토록 사람들이 많은데
뵈는 게 없나 둘이 딱 달라붙어 껴안고 있다
저들은 부끄럽고 창피해하지 않는데
보는 내가 왜 낯이 뜨거운가

사람 얼굴은 다 틀리고
모습도 마음 씀씀이도 다 틀리다
그렇게 세월은 가는데
희한하구나
그대는 물론 여성이고 세상에서 단 하나의 개성이다
신기하도다
어디서 이렇게 생긴 여자를 만났을까
나를 좋아한다는 그 마음

내가 그녀를 좋아한다는 그 마음
서로의 느낌이 통해서 우리는 만났다

참 별 일이다
도대체 어디 있다가 지금에 온 것인가
그대와의 인연을 닿으려고
내게는 여태껏 혼자였나 보다
필연인가 우연인가
어느 한 가지를 딱 잘라 얘기할 수 없으니
필연 속에 우연이고 우연 속에 필연일 것이다
아! 지금 내게도 사랑하는 사람이 생겼답니다

하나가 둘이다

하나가 둘이다
둘이 하나이다
하나이면서 둘이다
둘이면서 하나이다

남성이 남성이면서 여성이다
여성이 여성이면서 남성이다

사람이 선하기만 하지도 않고
악하기만 하지도 않다
선과 악이 공존한다
선하기도 하면서 악하기도 하다
끊임없이 선을 지향하며
내재된 악을 억누른다

낮과 밤이 교차하는 순간
낮이면서 밤이기도 하다

권태롭다고 하는 이가 있으니
당사자는 심각한데
권태가 나쁜 것 같지만
느릿한 행복이기도 하다

스스로 삼지 못하는
무탈한 삶의 행복이다

누군가가
처절한 불행이라 여길 때
행복을 찾을 수가 있다
그것은 법칙처럼
불행이면서 행복이기 때문이다

문학세계대표작가선 615

그날이 오면

김성구 시집

인쇄 1판 1쇄 2010년 11월 23일
발행 1판 1쇄 2010년 11월 30일

지 은 이 : 김성구
펴 낸 이 : 金天雨
펴 낸 곳 : (주)천우미디어그룹/도서출판 天雨
등 록 : 1992. 2. 15. 제1-1307호
주 소 : 서울시 성동구 하왕십리동 966-23 금룡빌딩 2F
전 화 : 02)2298-7661
팩 스 : 02)2298-7665
http://www.moonhaknet.com
E-mail : ing@moonhaknet.com

값 7,000원

ISBN 978-89-7954-463-3